出发!
跟徐霞客
一起游中国

名山短游

懂懂鸭 著/绘

图书在版编目（CIP）数据

跟你爷爷一起游中国 / 名山秀游 / 楠楠鸭鸭
著；寒糖出版有限公司绘. -- 北京：人民邮电出版社，
2024.9. -- ISBN 978-7-115-64690-3

I. K928.3-49

中国国家版本馆CIP数据核字第2024H8W364号

◆ 著 / 绘：楠楠鸭鸭
责任编辑：王 兰
责任印制：陈 犇
封面设计：韩木李
排版制作：王光磊

编 著：寒糖出版有限公司
出 版：人民邮电出版社
地 址：北京市丰台区成寿寺路11号邮电出版大厦（100164）
网 址：www.childrenfun.com.cn

◆ 读者热线：010-81054177　　　经销电话：010-81054120

印 刷：雅迪云印（天津）科技有限公司

◆ 开 本：787×1092 1/8
印 张：8.5
字 数：130千字

◆ 版 次：2024年9月第1版　2024年9月第1次印刷

书 号：ISBN 978-7-115-64690-3

定 价：68.00元

版权所有，侵权必究。如有质量问题，请其接联系我们承担服务部：010-81054177。

目录

- 序言 ………………………… 1
- 千古奇人徐霞客 …………… 2
- 出发吧，徐霞客！ ………… 4

6 | 山水神秀天台山
- 徐霞客的天台行 …………… 8
- 华顶山上风光好 …………… 10
- 洞怪岩奇看天台 …………… 12

14 | 寰中绝胜雁荡山
- 跟着霞客看雁荡 …………… 16
- 美丽的雁湖 ………………… 18
- 世界地质公园 ……………… 20

22 | 天下第一奇山黄山
- 迎风冒雪游黄山 …………… 24
- 云海仙山观不尽 …………… 26
- 怪石奇峰妙趣生 …………… 28

30 | 奇秀甲东南武夷山

- 水陆并进览胜景 ……… 32
- 赤红色的奇妙世界 ……… 34

36 | 峻极于天中岳嵩山

- 太室游毕赴少室 ……… 38
- "五世同堂"褶皱山 ……… 40

42 | 奇险天下第一山华山

- 遍游华山历奇险 ……… 44
- 刀削般的断块山 ……… 46
- 珍稀动植物乐园 ……… 48

50 | 塞北第一山恒山

- 遍览美景遂心愿 ……… 52
- 悬崖"长"出寺庙来 ……… 54

序　言

亲爱的小读者们，你们一定梦想过穿越时空，回到遥远的古代，与历史上的杰出人物一同冒险、行走四方吧。现在，有了这套《出发！跟徐霞客一起游中国》，这个梦想即将成为现实。这是一次纸上的旅行，更是一场心灵的探索，它将带你揭开四百多年前祖国山河奇妙而神秘的面纱，体验一位探险家的传奇生活。

徐霞客，一个在中国旅行和地理探索领域留下了不朽名声的传奇人物，他的足迹遍及中国的大江南北，从奇秀的武夷山到塞北的恒山，从烟雨江南到彩云之南云南。他用自己的脚步丈量了中国的土地，用生花妙笔描绘了中国山水的绝美风光，还准确细致地记录了不同地区的风土人情，为后世留下了宝贵的地理、社会资料。

《出发！跟徐霞客一起游中国》分为《名山短游》和《万里遐征》两册。书中用简洁明快、活泼有趣的语言将徐霞客的奇游与现代的科学知识结合，搭配精美的跨页大图，让小读者们能够在轻松的阅读中解悟徐霞客的旅行经历，感受祖国美丽的自然风光，学习有趣的地理知识，体验祖国各地深厚的历史沉淀和五彩缤纷的地域文化。

在这套书中，我们将跟随徐霞客的步伐，一起探访那些他曾经驻足的地方。我们会体会到他在山巅俯瞰云海时的震撼，感受到他在溶洞中探秘时的好奇，领悟到他在城镇或山野赏花品茶时的自在闲适。每段旅程都充满了惊奇，富含知识，蕴藏智慧。

我们相信，通过这套书，孩子们不仅能够了解徐霞客的传奇故事，还能够学习到关于中国的地理、历史和文化的知识。这是一趟跨越时空的旅行，是一次心灵的洗礼与智力的成长，是一次追求和向往美好生活的实践。

亲爱的小读者，现在，就让我们一起握紧徐霞客的手，踏上这趟奇妙的时空之旅吧。在阅读的过程中，你将会发现，历史并不遥远，知识也不枯燥，探险迎难就行。只要你有好奇心，有探索的热情，那么，每一次翻开这套书，都是一次新的开始，每一次合上书本，都是一次收获满满的凯旋。

我们期待着你在这趟旅行中的每一轮发现，每一番惊喜。愿你在《出发！跟徐霞客一起游中国》的陪伴下，开启一段段跌宕起伏的奇妙之旅，成长为一个拥有智慧和勇气的小探险家。

陈庆江

中国地质学会徐霞客研究分会副会长

千古奇人徐霞客

有梦想的少年

在400多年前的明朝末年,有一位少年博览群书,尤其喜欢读地理著作。他的梦想就是寻山问水,遍游天下。世界那么大,他想去看看!

有毅力的旅行家

读万卷书,行万里路,徐霞客做到了。从1607年第一次出游,到1640年结束旅游,徐霞客的大半生都在旅行。据现存《徐霞客游记》中的记载,他走过的地方包含现在的19个省、自治区、直辖市。

> 丈夫当朝碧海而暮苍梧!

不怕困难和挑战的"侠客"

在徐霞客30多年的旅途中,他遇到过恶劣的天气,出入过许多险境,也有过身无分文的窘境,但他仍没有停止旅行。54岁时,他被云南地方官送回江阴,回首这一生,他很自豪,不后悔!

> 我把自己的一生奉献给了祖国的山水,死而无憾呀!

"奇人"背后的开明父母

徐霞客的父亲徐有勉也很喜欢出游,因此不会勉强儿子考取功名。徐霞客的母亲王孺人同样心胸豁达,不仅理解和鼓励儿子远游,还在80岁高龄时陪他出游考察呢!

> 好男儿志在四方。儿子,娘支持你!

徐霞客

- 名 弘祖
- 字 振之
- 号 霞客
- 年代 明
- 生卒年份 1587年—1641年
- 祖籍 南直隶江阴县(今江苏省江阴市)
- 身份 地理学家、旅行家和文学家
- 称号 千古奇人

不管旅途多么艰苦，每天结束考察后，我都会坚持写日记。《徐霞客游记》就像一本"考察日记"，收录了我在1613年至1639年间旅行的所见所闻。

这本书可得来不易呀，许多书稿都在我的旅途中和我去世后遗失了，现存的60余万字，是在我儿子和好友的努力下编次而成的。

听说后世将《徐霞客游记》的开篇之日（5月19日）定为中国旅游日，或许是想告诉现在的小朋友，外出旅游时可以像我一样，认真观察，仔细记录，做当代的"小徐霞客"！

《徐霞客游记》为什么了不起？

地理学　记录了61种地貌类型，描述过的地貌名称多达2 016种；对岩溶地貌的研究领先欧洲1~2个世纪；最早进行了对洞穴的系统研究。

水文学　记载大小河流超过500条，湖、泽近60个；潭、塘、池130余个；记录了流水侵蚀原理；论证了长江的源头和流域面积，分析了沼泽的形态性质，还对地下热水进行了分类。

生物学　明确提出了地形、气温、风速对植物分布和开花早晚的各种影响。

人文　对各处道观寺庙、书院、碑碣和少数民族的特殊文化遗迹等的记录，在文化古迹的保护和研究中发挥了很大作用。

史学　是研究明末政治、军事、民俗的重要资料。

文学　以第一人称视角带领读者感受祖国的大好河山。语言质朴精练，描写生动，向读者传达了求真、坚毅、乐观的精神。

出发吧，徐霞客！

大自然有太多奥秘吸引着徐霞客，他迫不及待地想弄清山脉的走势、江河的源头、洞穴的秘密……翻开《徐霞客游记》，里面记载了他游览名山的足迹，哪些山给他留下了深刻印象呢？

雁荡山（1613年和1632年）

与我国大多数名山不同，雁荡山是一座火山！古代的徐霞客虽不知晓这个情况，却被这里的独特景色迷住了，也先后三次到访。为探寻传说中美丽的雁湖，他曾被困在山崖上，太惊险了！

嵩山（1623年）

作为五岳之中的中岳，嵩山可以说是徐霞客最为向往的名山。驰名中外的少林寺也在这里。在徐霞客的名山游记中，《游嵩山日记》是记录文物古迹最多的篇章。

天台山（1613年和1632年）

《游天台山日记》是《徐霞客游记》的开篇之作。徐霞客曾三度到访天台山，不仅细细玩赏了世界级奇观石梁飞瀑，还首次进行了洞穴考察——用脚步丈量了巨大的寒岩洞。

黄山（1616年和1618年）

两游黄山，徐霞客对这座天下闻名的奇山评价极高。他在第一次游览黄山的旅程中还有了一次难得的享受——泡"黄山五绝"之一的温泉。

武夷山（1616年）

风景秀丽的武夷山徐霞客虽然只游览了一次，但他制订了"水陆并进"的科学游览路线，加之难得的好天气，令这次旅程非常完美。

恒山（1633 年）

北岳恒山是徐霞客出游到达过的最西北的地方。这里不仅是古代兵家必争之地，还有不用深挖就能开采到的煤，以及"长"在峭壁上的悬空寺。

华山（1623 年）

对以险著称的西岳华山，徐霞客用行动写下了"征服"二字——华山五座主要山峰，他一个没落，全部登顶，还有精力和体力进入华山所在的秦岭山脉考察了一番。

徐霞客旅行的钱从哪里来？

奉行节俭

徐霞客继承了家中的纺织染房、房产和田地等，早期出游不缺旅费。他出行也十分节俭，每天粗茶淡饭，经常借宿寺庙。

家有恒产

友人支持

徐霞客偶尔会得到某些官员的帮助。他有位军官朋友叫唐玉屏，他送给徐霞客一块马牌，这样徐霞客有需要时可以在驿站免费吃饭、住宿。

多方帮助

徐霞客不畏艰险、孜孜不倦探寻自然奥秘的壮举使他美名远扬，许多地方官员和富商名士争相和他结交，主动为他安排食宿。

徐霞客爬山的时候行李放在哪里？

爬高涉险之前，徐霞客通常会请帮手沿好走的近路把大件行李挑运到下一个目的地，自己轻装上阵。这些帮手包括长年跟随他的顾姓仆人和在当地临时雇用的挑夫或农户。

下面就跟着我一同徜徉于祖国的名山大川之中，去探寻那些引人入胜的美景与奇观吧！

山水神秀天台山

天台(tāi)山位于浙江台(tāi)州。从高处俯瞰，主峰华顶山像一朵莲花的花心，四周的群山像片片莲瓣，将其层层围绕。天台山中奇石、幽洞、飞瀑、古木、名花、异兽遍布，可谓"山水神秀"。这里是佛教天台宗的发源地和道教南宗的发祥地，早在汉晋之时就有僧人和道士来到天台山修行。集山水奇观与人文精粹于一体的天台山曾是唐代诗人特别向往的地方，他们在这里留下了许多名句佳篇，因此有"一座天台山，半部《全唐诗》"的说法。

天台山离自己的家乡不远,徐霞客对这座名山向往已久,明万历四十一年(1613年)三月三十日(本书中大写日期均为农历),徐霞客从宁海县城出发,游览了天台山,并留下了第一篇游记。19年后,徐霞客第二、三次游览了天台山。除了认真考察和记录了当地的地貌、水文、气象、生物等情况,在这里他还首次进行了洞穴考察,并第一次见到了丹霞地貌。

徐霞客的天台行

天台山的景色果然名不虚传！徐霞客先后用了19天的时间边考察、边记录，走遍了山中的主要景点，一路"攒峦夹翠，涉目成赏"，堪称古代的深度游！

徐霞客的游览路线

我第一次走的蓝色路线，第二次走橙色路线，第三次走绿色的。

千年古刹国清寺

天台山上藏着一座建于一千多年前的隋代古寺——国清寺，它像一位充满智慧的老人，守护着这里的清净与安宁。徐霞客游览天台山时，会先让挑夫把行李存放到这里，自己轻装上阵。

红色的赤城山

赤城山是天台山中唯一的丹霞地貌景观，山体由红色砂岩、砾岩层叠而成。由于它是一座孤山，色彩又不同于天台山的其他山峰，因此有"不与众山同一色，敢于平地拔千仞"的美誉。

壮观的天台山大瀑布

这条总落差达325米的瀑布位于桐柏山上，主体共有九级，远望像一条巨大的白色绸缎沿翠绿的山谷飞腾而下，气势磅礴；近看各级瀑布形态各异，纷纷跌入大小不一的深潭之中，溅玉飞珠，声似龙吟，好像一幅有声版立体山水画呀，太震撼了！

石梁飞瀑

徐霞客发现,天台山的一个峡谷里竟然藏着一座天生石梁桥。它长约 6 米,横跨两座险峰。溪水汇合而成的瀑布穿过桥底,直泻到落差 30 多米的碧潭中,激起终年不息的轰鸣交响乐。

> 众多景点中,我尤其喜爱石梁飞瀑,想到次日要去游玩,头天能兴奋得睡不着觉!

勇走石梁桥

站在长满青苔的石梁桥旁,徐霞客想:如果沿着它能走到前山去,不就能大大缩短路程、节省时间吗?徐霞客决定亲自去探寻答案!

他迈上石梁桥,深不见底的潭水和狭窄湿滑的桥面让他"毛骨悚然",但决意探险又怎能半途而废?他咬牙坚持着,终于一步一步挪到了石梁桥的尽头。可惜前路被一整块大石头阻断了,他只好小心翼翼地原路返回。徐霞客的胆量和科学探索精神真是非比寻常啊!

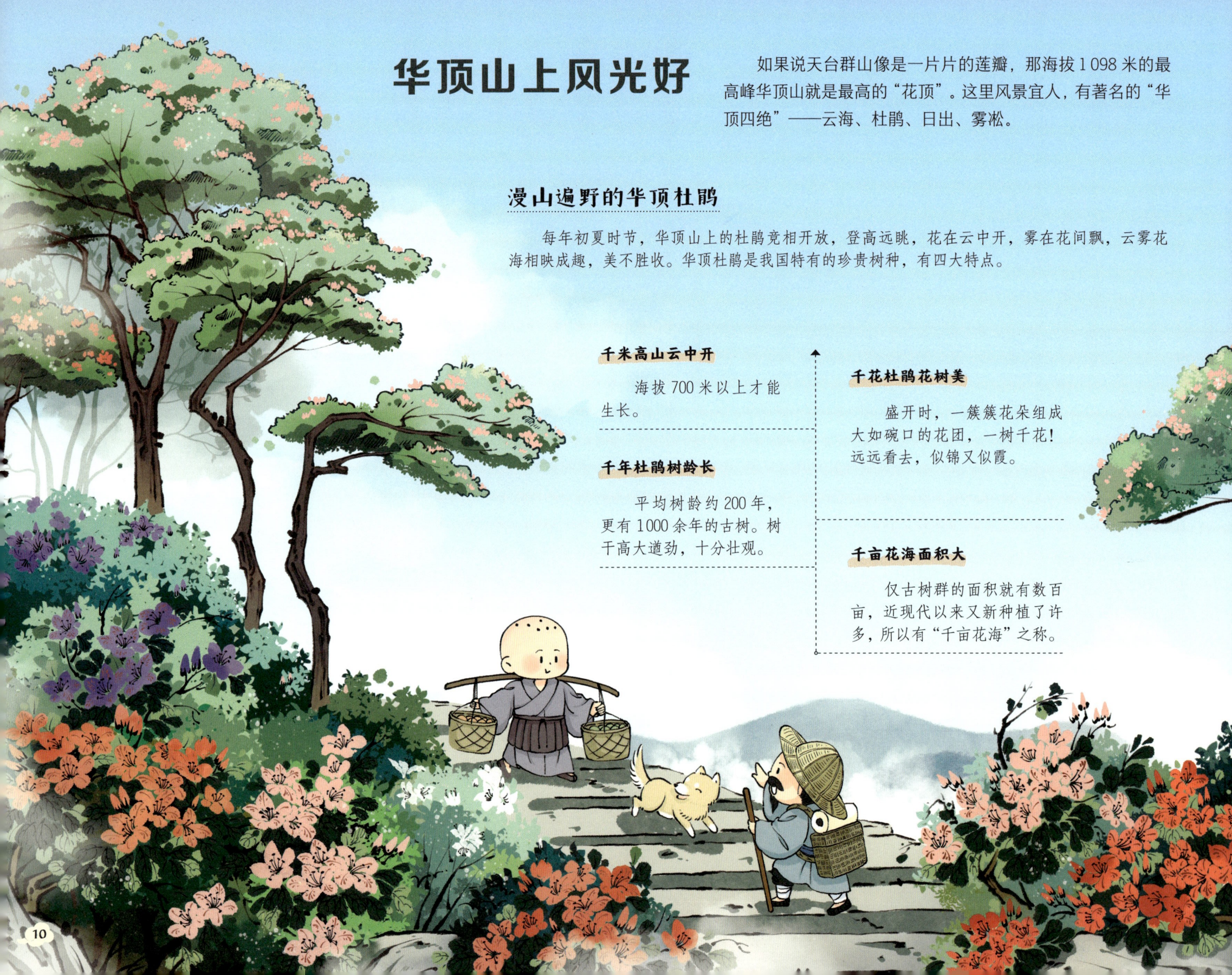

华顶山上风光好

如果说天台群山像是一片片的莲瓣,那海拔1098米的最高峰华顶山就是最高的"花顶"。这里风景宜人,有著名的"华顶四绝"——云海、杜鹃、日出、雾凇。

漫山遍野的华顶杜鹃

每年初夏时节,华顶山上的杜鹃竞相开放,登高远眺,花在云中开,雾在花间飘,云雾花海相映成趣,美不胜收。华顶杜鹃是我国特有的珍贵树种,有四大特点。

千米高山云中开

海拔700米以上才能生长。

千年杜鹃树龄长

平均树龄约200年,更有1000余年的古树。树干高大遒劲,十分壮观。

千花杜鹃花树美

盛开时,一簇簇花朵组成大如碗口的花团,一树千花!远远看去,似锦又似霞。

千亩花海面积大

仅古树群的面积就有数百亩,近现代以来又新种植了许多,所以有"千亩花海"之称。

为什么山顶的花比山脚的花晚开？

徐霞客在登山途中，发现了一个有趣的现象：山脚下已经百花盛开，山顶上却寒风呼呼地吹。于是他猜测这大概是高处寒冷的气候造成的。

徐霞客是正确的！现在我们知道了，随着海拔的变化，山脚到山顶的气温越来越低，降水越来越多，形成了垂直气候带。植被的类型、花期等也跟着呈现出垂直分布的规律。

好冷！ 8℃ 海拔3000米
有点儿凉！ 14℃ 海拔2000米
好温暖！ 20℃ 海拔1000米

壮观的华顶日出

如果我们在晴朗的清晨登上华顶之巅拜经台，会有机会观赏到日出东方、霞光万道的壮丽景象。

冰清的华顶雾凇

如果我们在冬天或初春登上华顶，就有机会见到岩石化身璞玉，枯枝变作珊瑚，在阳光映照下晶莹瑰丽的奇观！这是怎么回事呢？原来岩石和树枝上凝结着一层毛茸茸的针状或粒状的白霜，这就是雾凇。

变化多端的华顶云海

华顶山四周的云雾时而像海中波涛一样奔腾翻滚，时而云收雾散，化作一抹轻纱，这就是"华顶归云"的由来。

 +  +  +  =

气温低于0℃ ． 湿度大 ． 风力小 ． 最好是大雾后忽然放晴 ． 雾凇诞生啦！

洞怪岩奇看天台

天台山的山洞里藏着怎样的秘密？徐霞客太好奇了，于是他走进寒石山中的寒岩和明岩，开始了对洞穴的研究。在这里，他看到了许多颜色深浅不一、造型千奇百怪的岩石，它们有一个共同的名字叫作**花岗岩**。

"小花脸"的花岗岩

花岗岩是一种由石英、钾长石和微斜长石等矿物构成的岩石，表面有密密麻麻的斑点、花纹，颗粒感很明显。它在中国各地尤其是东南地区很常见，岩体约占国土面积的9%。作为一种优秀的石材，花岗岩有以下特性：

- 质地坚硬
- 吸水率低
- 耐酸腐蚀
- 颜色丰富

花岗岩有点儿"懒"

花岗岩的形成和火山喷发有关。让我们将火山切开看看剖面。瞧，岩浆在上升的过程中，一部分冲开火山口流出地表，冷却后形成了喷出型岩浆岩。而另一部分岩浆比较"懒"，留在了地下岩层中，形成了侵入型岩浆岩。花岗岩就属于后者。

多年后，在风力等外力的长久侵蚀下，山体被逐渐削薄，花岗岩也露出了地表，变成了一座座奇山、一块块怪石。

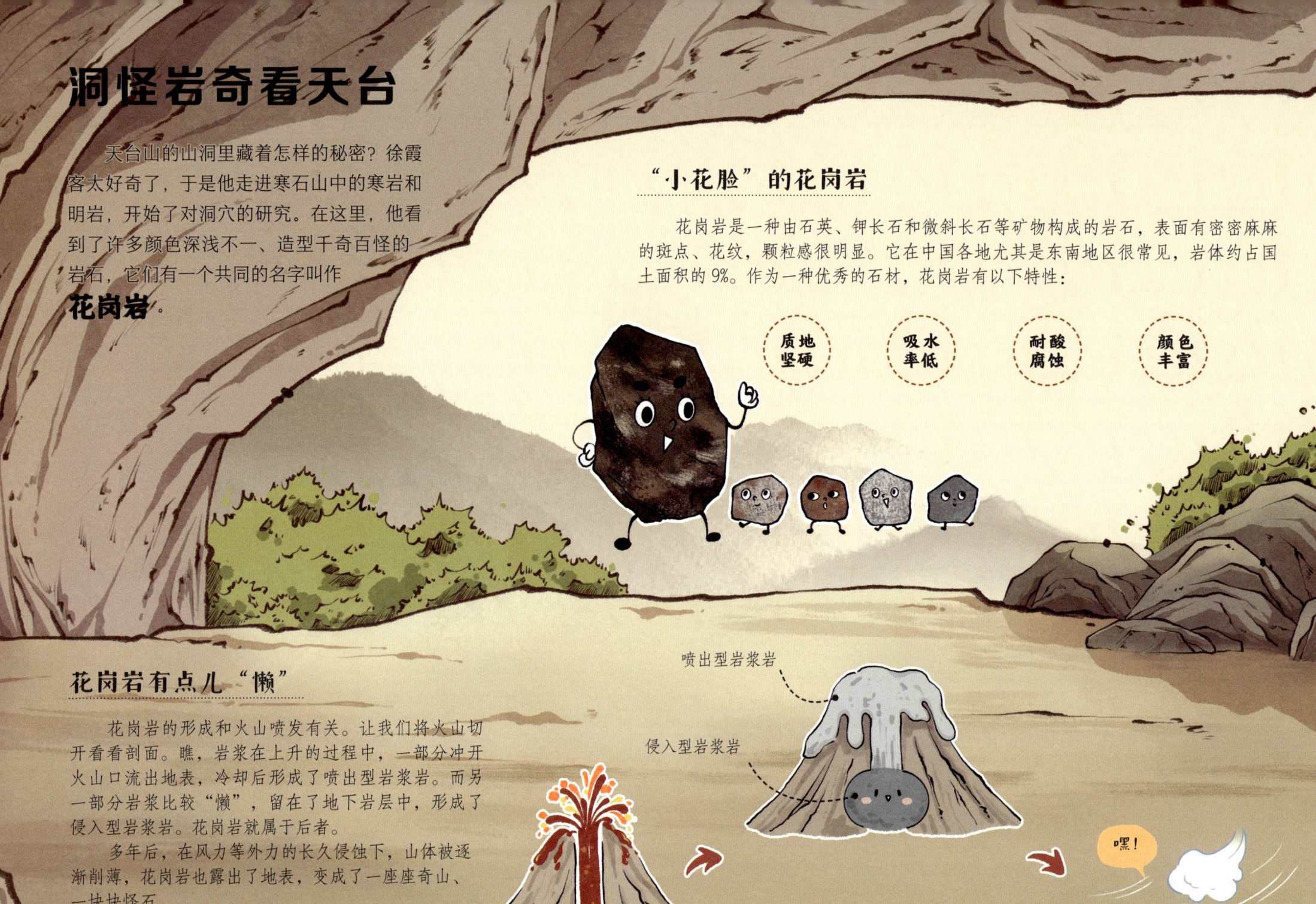

寰中绝胜 雁荡山

雁荡山位于浙江温州,以山水奇秀得名,素有"海上名山"之称。因其"山顶有湖,芦苇丛生,结草为荡,秋雁宿之",故名雁荡。无论是地质生态,还是文化价值,都无愧"东南第一山"的名号。

徐霞客一生三游雁荡山,将其视为"白月光",曾言"欲穷雁荡之胜,非飞仙不能",足见其对雁荡山的钟爱。

高高的山顶上有一片湖,湖边还有大雁,徐霞客太想去雁荡山看看了!明万历四十一年(1613年)四月十一日,徐霞客第一次来雁荡山,"望雁山诸峰,芙蓉插天,片片扑人眉宇",不过这次他却与雁湖失之交臂,这给他心中留下了一个小小的遗憾。19年后,徐霞客故地重游,只为寻找雁湖,一个月内两进两出,终于探知到雁湖的秘密。

黄岩县

出发！

欢迎来到雁荡山！

▲ 变幻莫测的灵峰

"雁荡三绝"之一的灵峰像巨大的手掌直插云霄，和旁边的倚天峰一起组成"合掌峰"。峰内有个113米高的观音洞，洞里有座九层楼阁。

📍 灵峰

📍 老僧岩

📍 灵岩寺

▲ 热情迎客的老僧岩

老僧岩形状好似一位披裟老僧，微笑着挥手，迎接四方的宾客。这是徐霞客看到的第一个雁荡景观。

跟着霞客看雁荡

瓯江穿山而过，将雁荡山分割成了北雁荡山和南雁荡山。徐霞客当时去的是北雁荡山，那里汇聚了雁荡山最具代表性的奇山秀水。让我们跟随徐霞客的脚步，走进雁荡腹地去好好探索一番吧。

▲ 巍峨壮丽的灵岩

灵岩又名屏霞嶂，为"雁荡三绝"之一。这块巨大的山石就像一块超级屏风矗立于山谷中，迎朝阳，送晚霞，壮丽雄伟。

雁荡最高峰百岗尖

看得好远呀!

📍 百岗尖

190 多米

(示意图)

飞流直下大龙湫

大龙湫为"雁荡三绝"之首。高低落差 190 多米的大瀑布,相当于 60 层楼高。

📍 大龙湫

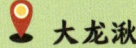

📍 剪刀峰

会"变脸"的剪刀峰

这是雁荡山最奇特的山峰。远看好似一把大剪刀,换个角度又变了样,移步换景十分神奇!

雁湖顶

像啄木鸟　像桅杆
像鳄鱼　像狗熊

乐清县方向

美丽的雁湖

雁湖位于雁湖岗山顶，它因方圆十里，水不干涸，芦苇丛生，秋雁多栖宿于此，所以被称为"雁湖"。从此处可以远眺东海，所以这里是观赏日出和云海的好地方。清代时，雁湖渐渐干涸失去往日风光，直到1986年，北湖重新开挖复原，才使我们今天能再看到雁湖的日出和云海两大美景。

雁湖是大龙湫的源头吗？

徐霞客三访雁荡山，终极目标都是雁湖。因为《大明一统志》记载雁湖是大龙湫的源头，所以他想亲自验证。可惜前两次都铩羽而归。第三次他终于抵达了雁湖。通过周密调查，他最终确认雁湖和大龙湫没有任何关系。坚持不懈、探求真理，这就是徐霞客的科学精神！

初探雁湖遇险境

初次寻访雁湖时,徐霞客看见路旁好像有向下走的台阶,就解下仆人裹脚用的布条系成绳子,悬吊而下,结果却发现那只是一小块石阶,脚边就是深渊,他临危不惧准备原路返回。动身前,徐霞客试着拉拽了几下绳子,因为岩石锋利,布条竟然断了!如果布条在攀爬时磨断,后果会是怎样?幸好徐霞客心细如发,才能一路平安呀。

世界地质公园

徐霞客让大家领略了 400 多年前雁荡山的奇秀，但是雁荡山的山峰为什么会那么陡？瀑布为什么会那么高？湖泊为什么会出现在山顶？科学家为大家解开了背后的秘密——**雁荡山是一座已经有 1.28 亿岁高龄的破火山**！

火山"破"了？

火山最常见的有四种类型：盾形火山、锥火山、层状火山以及破火山。

> 我的身体主要由熔岩组成，宽广和缓，就像一面盾牌。

> 我的身体主要由火山碎屑组成，像个尖尖的锥子。

> 火山碎屑和熔岩等你一层我一层，叠加后就形成了我。你为什么叫破火山？

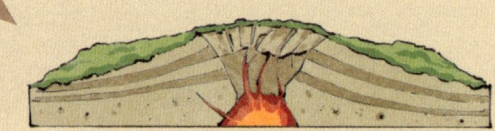

这是因为我的形成经历了一段"破落"的过程。

岩浆持续喷出，岩浆房渐渐形成空洞。

空洞支撑不住火山锥，于是就塌了，顶端变成了一个漏斗形的破口。

山口会积满雨水变成湖泊。等到岩浆满了，可能还会再一次喷发。

雁荡山的四次火山喷发

雁荡山在形成后的 2800 万年间，喷发了四次。观音峰内部还有火山喷发的痕迹，一起去看看。

第四次喷发

1.17 亿年前的最后一次喷发十分剧烈，沉积的岩层位于雁荡山的最高处，多发育为小型峰林、柱峰等。

第三次喷发

1.17 亿年前发生了一次规模较小的局部喷发。喷出的凝灰岩经过千万年的风化，形成了一个个孤立狭长的柱状"锐峰"，让雁荡山愈发高耸。

第二次喷发

1.21 亿年前的喷发比较温和，岩浆冷却后形成了两三百米高的流纹岩层，就像一块巨石从地里长了出来，构成了雁荡山的主体景观"叠嶂"。

第一次喷发

1.28 亿年前的喷发非常猛烈，形成了破火山口。许多火山碎屑喷溅而出，形成了雁荡山的保护屏障，阻挡了海水和台风的袭击。

神奇的火山岩

雁荡山上到处是火山岩，是由熔岩冷却后形成的。像海浪一样，保留了岩浆流动痕迹的叫作"流纹岩"。岩浆喷发时含有气体，凝结时被撑得鼓起来，变成皮球一样的叫"球泡流纹岩"。雁荡山有"流纹岩天然博物馆"的美称。

← 像海浪的流纹状结构

皮球般圆圆的球泡结构 →

雁荡山的多种山形、地貌

湖　岩　谷　湫　瀑　峰　嶂　洞

正是这些百变千绝的山水景观，为雁荡山赢得了"寰中绝胜"的美誉，也让它在 2005 年成功入选"世界地质公园"名录。

虽然遇到过危险，但看到了雁荡山"寰中绝胜"的美景，真是不虚此行！接着，我就要去黄山探一探了！

天下第一奇山 黄山

黄山位于安徽省南部，以奇松、怪石、云海、温泉、冬雪"五绝"闻名于世，有"天下第一奇山"的美誉。这里不仅自然景观独一无二，更遍布古寺、石刻等名胜古迹，还孕育了中国山水画"黄山画派"。我国目前有四处世界文化与自然双遗产，黄山就是其中之一。

这样的奇山，徐霞客怎能错过？万历四十四年（1616年）二月和万历四十六年（1618年）九月，徐霞客两次游览黄山，不仅充分领略了"黄山五绝"，还通过实地考察纠正了"黄山最高峰是天都峰"的说法。他被黄山的独特魅力所折服，给出了极高评价："薄海内外，无如徽之黄山。登黄山，天下无山，观止矣。"这正是后人"五岳归来不看山，黄山归来不看岳"的由来。

迎风冒雪游黄山

徐霞客初到黄山时,大雪已封山三个月,天寒地冻,山路难行。这反倒激起了他的游兴——听说黄山雪景绝美,真是太幸运啦!他先在汤口享用了温泉,然后自慈光寺一路上山,细细游览了遍地奇松怪石、处处银装素裹的黄山。

> 这次先按黄色路线游览,下次来,得试试绿色路线。

徐霞客的游览路线

飞来峰 莲花峰 玉屏峰 太平 天都峰 祥符寺 汤口温泉 绩溪 齐云山

冰天雪地里的"探险队"

徐霞客一行人登山时,发现山路上许多地方还冻结成冰,又湿又滑。怎么办呢?徐霞客灵光一闪,只见他走在队伍最前面,用竹杖在冰上凿出一个孔,放下前脚,再向前凿出一个孔,移动后脚,就这样一步步带领大家平安上山。

汤口温泉泡一泡

祥符寺附近的汤口是泡温泉的好地方。这里的水温在42℃左右，水量充足。徐霞客就曾美美地享受过。据他记录，汤口温泉的气味还带着清香呢。

登顶天都峰

海拔1810米的天都峰是黄山三大主峰之一，名字有"天上（神仙的）都会"的意思。徐霞客二访黄山时登上了天都峰。同行人说"天都峰是黄山最高峰"的说法流传多年，这是真的吗？

实勘莲花峰

徐霞客一鼓作气登上了莲花峰，站在开阔的峰顶，他发现莲花峰位于黄山的中心位置，即使是天都峰在它面前也仿佛低着头。徐霞客通过目测得出了"莲花峰才是黄山最高峰"的结论。后经现在精确测量，莲花峰真的比天都峰要高54.8米！

为什么迎客松千奇百怪？

在玉屏峰顶，徐霞客见到了一棵造型奇特的大松树：它仿佛正伸出臂膀，热情欢迎远道而来的客人，这就是黄山最著名的迎客松了。要问它为什么与众不同，这都归功于黄山独特的气候与地貌。

黄山纵横堆叠的悬崖峭壁，让许多松树只能弯曲甚至朝下才能找到生长空间。

黄山上的强风，让迎风面的松枝不得不扭曲或螺旋生长，树冠也倾向一侧。

为了抵御风雪，迎客松进化出了短针叶和扁树冠，这样能增加枝干的弹性，不易折断。

云海仙山观不尽

徐霞客第二次来到黄山是在五彩斑斓的秋天。放眼望去，黄山五彩缤纷，像锦绣一样。这次，他和友人、随从在变幻莫测的云海和浓雾中冒险行进，体会到了云海作为"黄山第一奇观"的气势和意象。

云海会"变脸"

云海的美景千变万化，每一秒都不一样。它们或仙气飘飘，或磅礴大气，或绚丽多彩，就像川剧变脸一般，让人永远都会期待下一次它们会有怎样的变化。

让群山入画的雾状云海

如海涛起伏的层积云云海

日出日落时极为壮观的彩色云海

云海是怎样形成的？

云海固然美丽，却不是每个爬山的人都能看到。如果你冲着云海而来，得提前看看目的地是否满足右边这些条件。

有较高的山势：当爬得足够高，超过云层，就很容易见到云海。

有充足的水汽：雨雪过后，地表的水汽会在阳光的加热作用下升腾，它们是云海的必备因素。

有较低的气温：当水汽在上升过程中遇到较低的温度，就会凝结成云。

没有大风：如果有风，云海很快就被吹散了。

怪石奇峰妙趣生

在黄山，徐霞客特别兴奋，这是为什么呢？原来，这里有许许多多"长相"特别奇怪的巨石和山峰，它们有的像人，有的像动物，而且角度和光线不同，它们呈现的形态也不一样，真是太好玩儿啦！

巨石：看看我长得像谁？

黄山已被命名的怪石有120余处，总数在1200处以上。人们根据它们的外形发挥想象，取了许多形神兼具的名字。

梦笔生花

仙人指路

飞来石

猴子观海

孔雀戏莲花

为什么黄山的"长相"这样独特？

这是侵蚀作用的杰作！

黄山变成现在这样，离不开右边三位"雕塑家"日积月累的打磨。它们对黄山地表进行的"雕刻"过程，就是典型的侵蚀作用。

水力侵蚀

黄山地区雨量充沛，雨水常年冲刷岩石，改变了石头的外形。

奇秀甲东南 武夷山

武夷山位于福建与江西两省的交界处,它就像一道挡风的墙,为福建阻挡着来自北方的冷空气。武夷群山被如玉带一般的九曲溪环绕,峰岩交错,溪流纵横,处处美景。这里自古以来便是佛、道、儒尊崇的"三教名山",如今更是我国世界文化与自然双遗产之一。

结束了黄山之行的徐霞客,仅仅用了十天的时间,就奔赴到武夷山。万历四十四年(1616年)二月二十一日至二十三日,徐霞客沿着九曲溪游览了武夷山的秀丽风光。他舟上观、路上探,险要处甚至伏着身子爬行。这里漫山的茶树、深藏山腹的洞穴,以及神秘的船棺,一路吸引着徐霞客探索前行。

水陆并进览胜景

武夷山多处胜景之间距离不短,怎样游览才能既节省体力,又不走回头路呢?聪明的徐霞客选择了"以舟为主、水陆兼顾"的方式。他坐船从九曲溪下游逆流而上,在六曲(第六个转弯处)登陆,一路向西游赏,到九曲再坐船顺流而下,在四曲登陆,然后向东继续游赏。这样一路行来,他轻松地把武夷风光尽收眼底。

弯弯绕绕九曲溪

九曲溪的名字从何而来呢?原来九曲溪是发源于武夷山主峰——黄岗山西南麓的一条溪流,由西向东曲折奔流,因共有九处大的转弯,故名九曲溪。九曲溪每一曲的景色都各有特色,让徐霞客一路惊喜不断!

徐霞客的游览路线

天游峰
紫阳书院
大王峰
玉女峰

您看,对岸山岩上那些都是茶树,我们这里的茶叶可有名啦!

久闻大名!咦,前面悬崖上的岩洞里好像有东西,咱们快去看看!

"飞"上悬崖的船棺

在武夷山东部绝壁的岩洞里或悬空的木桩上放有一些古越族人的船形棺材。船棺是怎么"飞"上去的呢？无论是在崖壁上凿孔架栈道来放置，还是在崖顶用滑轮类的机械向下运送，似乎都很难做到啊！至今这仍是个谜。

武夷第一险峰——天游峰

天游峰虽然海拔只有408.8米，上山却十分不易。数百石阶沿着光秃秃的峭壁曲折向上，一眼望不到尽头，不愧是武夷山第一险峰！徐霞客爬上山顶，向下俯瞰武夷山全景，视野真是太开阔了。

武夷岩茶美名扬

武夷岩茶既有绿茶的清香，又有红茶的甘醇，是乌龙茶中的极品，最著名的品种叫作大红袍，它的茶树生长在岩缝中。

古代晋商把武夷山的茶叶运往我国北方甚至其他国家售卖，长此以往形成了一条贯穿欧亚大陆的以茶贸易为主的国际商道。

古代"私立大学"——紫阳书院

在隐屏峰下的紫阳书院里，徐霞客拜谒了朱熹的塑像。朱熹是南宋理学家，他曾在这里广收门徒，著书讲学。

膝行蛇伏入山岩

在九曲溪尽头有一座奇特的石岩，它上下都是绝壁，中间是一条窄窄的凹槽。徐霞客决心弄清它的用途，于是趴下身子钻入其中，像蛇一样趴伏着前行，直到前方再没有路。原来这是一条前人没有开凿完成的山道呀！

赤红色的奇妙世界

碧水弯弯，群峰峭秀，两岸的美景令徐霞客心旷神怡。他忽然有个发现：这里的山大都色调偏红、造型奇异。原来，**武夷山是典型的丹霞地貌。**让我们来了解一下这种奇妙的地貌吧。

丹霞地貌的一生

火山喷发后，含铁矿物的沉积岩层（又名红层）在地壳运动和断裂作用下，经过长期的自然风化和流水侵蚀，一部分红层被撕裂变形，生成了丹霞地貌。这种地形继续缓慢变化，最终可能会消失。

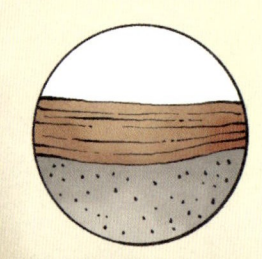 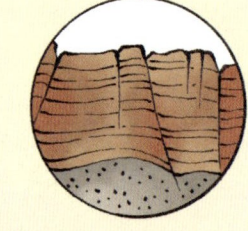 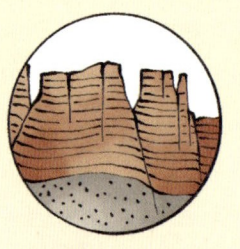 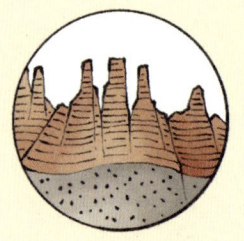 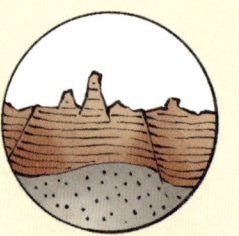 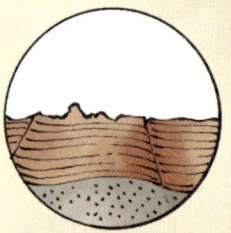

红层堆积　　盆地抬升　　丹霞地貌幼年期　　丹霞地貌壮年期　　丹霞地貌老年期　　丹霞地貌消亡期

丹霞地貌的特点

想要判断一个景点是否是丹霞地貌，需要牢记这三点。

形态方面

崖壁很陡峭，其坡度普遍大于60度，高度大于10米。

颜色方面

颜色整体偏红，因为天气干热，岩石内的铁离子发生了氧化，就变红啦！

丹霞地貌的颜色并不是一成不变的红。在形成红层时，岩石受地域、岩性差异和后期地质作用的影响，会变成棕红、砖红、紫红、褐红、灰紫等颜色。比如徐霞客探访过的三座丹霞山，颜色就各有不同。

仙宋山是"色赭崖盘"

白岳山是"山石皆紫"

赤城山是"石色微赤"

形态方面

山峰有堡状、墙状、柱状等多种造型。

同为丹霞大不同

丹霞地貌在我国很多地区都有分布，不同的地质环境让它们的景色很不一样。

千瀑之地——贵州赤水丹霞

是我国面积最大的丹霞地貌区，赤红绝壁与翠绿森林、飞瀑流泉相映成趣。

孤峰成景——江西龙虎山

是老年期丹霞地貌的代表，山水形态舒缓流畅、秀美多姿，堪称丹霞版的"桂林山水"。

雄险神奇——甘肃张掖冰沟丹霞

赤壁千仞，气势雄浑，专家为它起了个新名字——窗棂状宫殿式丹霞。

赤壁丹崖——广东丹霞山

"丹霞地貌"命名地，是目前世界上发育最典型、类型最齐全、造型最丰富的丹霞地貌集中分布区。

见识了东南地区的秀美山水后，该到中原走走啦，先去嵩山看看！

峻极于天
中岳嵩山

"天下功夫出少林",嵩山少林寺可谓大名鼎鼎。嵩山位于河南登封,这里有壮美的自然风光,悠久的历史文化,还有丰富的宗教文化。在这座古老的山脉,我们可以跨越地球36亿年的时空,一睹五个地质年代的地层。

徐霞客从小就立志要游览五岳名山,特别是中岳嵩山。天启三年(1623年)二月,他终于实现了这个小目标。嵩山不是一座山,而是由少室山和太室山组成的。在《徐霞客游记》里,徐霞客把这两座山比作两道眉毛,少室山山石嶙峋,太室山雄伟庄严群山连绵不绝,像一排石头屏风,太生动了!

太室游毕赴少室

你知道嵩山的"嵩"是什么意思吗?"嵩"指山大而高。面对如此雄伟高大的嵩山,徐霞客在一位樵夫向导的陪伴下,用了五天的时间,从太室山到少室山,把这里的山川美景和人文古迹好好游览了一番。

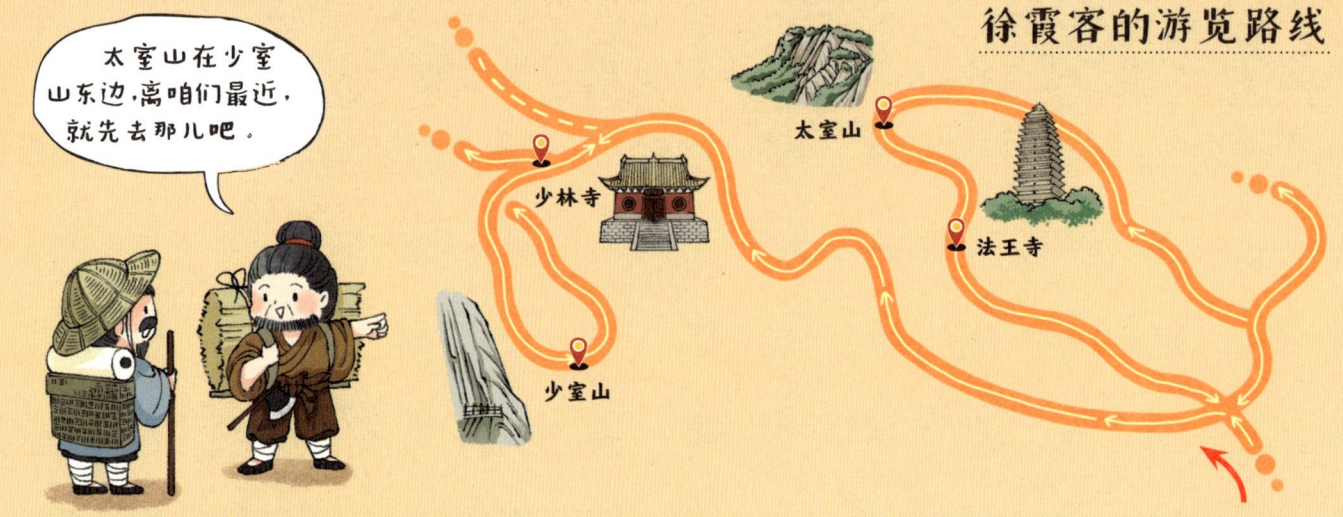

徐霞客的游览路线

太室山在少室山东边,离咱们最近,就先去那儿吧。

一路滑下峻极峰

海拔1491.7米的峻极峰是太室山的最高峰,它也是嵩山的主峰。徐霞客登顶后打算下山时,樵夫说从西面的山沟滑下去能少走一半路,但很冒险:这座"大滑梯"至少有300层楼高,一路上要不时翻越山石,一不小心就会掉进深谷丧命。徐霞客毫不犹豫地选择了这条险路。

他跟紧樵夫,目不斜视、脚下不停,"滑"过一条条山谷,终于安全"落地"。

请问嵩山的主峰和最高峰不是同一座吗?

 徐霞客

 峻极峰
一座山的主峰不一定就是最高峰,比如我就比连天峰矮一些。

噢?这里面有什么说法吗?
 徐霞客

 连天峰
想要成为主峰,除了海拔外,还得看"人气"的高低、人文景观的多寡、帝王们是否青睐等诸多条件。

 峻极峰
是的,比如黄山,最高峰是莲花峰,主峰却有三座,这是因为天都峰和光明顶同样名气很大呀。

连天峰下遇老虎脚印

嵩山的最高峰是位于少室山的连天峰,海拔1512.4米,十分陡峭,有些地段全是直上直下的石壁。徐霞客手脚并用,一口气爬到山顶,在欣赏绝顶风光时,感觉自己快要被狂风吹走了。在这次探险中,他还看到了一个老虎的脚印,有装米的升那么大!

名扬天下少林寺

你看过武术表演吗？少林寺作为中国功夫的发源地，吸引了无数游客。少林寺坐落在少室山下茂密的丛林里。游览少室山的几天里，徐霞客都住在少林寺中。这里的武僧除了学佛、练武，还要进行打扫庭院等劳动，每天都很充实。

塔林是做什么用的？

少林寺西南方不远处山坡上的塔林，是少林寺历代德高望重的僧侣的墓地。这里的每座塔根据僧侣生前的佛学修养、威望等有不同的造型、层数和大小，一共有240多座。

"五世同堂"褶皱山

嵩山是我国最古老的山之一，已有36亿岁高龄，历经五个地质年代，地层遗迹丰富，世所罕见。它也是我国不多见的褶皱山，堪称**"天然地质博物馆"**。

厚厚一本"石头书"

少室山西麓的三皇寨汇集了五个地质年代的多种地貌，就像一本记录了地球历史的石头书，我们可以从中探寻许多嵩山的奥秘。

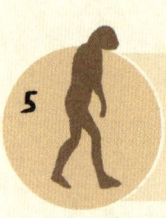
5 新生代地层：约6600万年前至今，出现被子植物和哺乳动物。嵩山的植被和物种更加丰富了。

4 中生代地层：2.52亿年～6600万前，出现裸子植物、爬行动物。嵩山受到"燕山运动"的影响，山体定格成今天见到的雄伟模样。

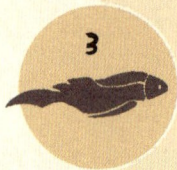
3 古生代地层：5.39亿～2.52亿年前，出现蕨类植物、鱼类和两栖动物。嵩山在这一阶段经历了"少林运动"的构造，大范围地升出海面，屹立于天地间。

2 元古宙地层：25亿～5.39亿年前，藻类繁盛。嵩山经过"嵩阳运动"和"中岳运动"的构造，皱褶的山体出现了。

1 太古宙地层：40亿～25亿年前，生命开始形成，出现细菌、蓝藻。嵩山在这时还是一片汪洋大海。

> 三皇寨的书册崖形状真奇怪，这是怎样形成的呢？

地球的"皱纹": 褶皱山

仔细观察，我们会发现嵩山的山体上有许多深深的纹路，绵延数百米，就像一个百岁老人脸上的皱纹一般，人们将它形象地称作"褶皱山"。这种地貌的背后，藏着地球用巨力构造山脉的秘密。

褶皱山的形成原理很好理解，我们可以用这张毛毯来做比喻。

我们双手握住毛毯的两边，把它向中间挤压，会发现它起了不少褶皱，这些褶皱高低不平，很像起伏的山脉。

褶皱山就是地壳这块超级巨大的"毛毯"受到挤压之力而出现的褶皱。当然，要把坚硬的地壳挤压出褶皱，力道必须非常大，这股巨力是由地球内部的板块运动提供的，并且持续了数千万年。

褶皱山有两种"版本"：

背斜山
地壳被挤压后向上凸起的部分。

向斜谷
地壳被挤压后向下凹陷的部分。

背斜顶部受张力作用，岩石疏松易碎。

向斜槽部受挤压，岩石很坚硬。

长时间的侵蚀后，背斜山反而变成了谷。

褶皱山形成之初级版——顺地形：背斜成山，向斜成谷。

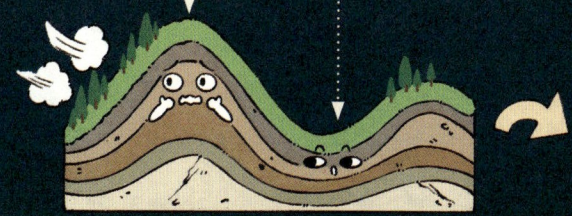

原来如此，看样子书册崖也是在多场地壳运动中被挤压过，才变成如今这样！好了，嵩山之行告一段落，我接下来要去华山逛一逛，跟我来吧。

褶皱山形成之进阶版——逆地形：背斜成谷，向斜成山。

奇险天下第一山 华山

你听说过"自古华山一条路"吗？华山在明朝时就已因异常险峻难攀而被大家所熟知，但这吓不倒勇敢的徐霞客！

天启三年（1623年）二月底，徐霞客结束嵩山之行，一路向西进入潼（tóng）关，直奔五岳中的西岳——位于陕西华阴的华山。快到华山脚下时他抬头看去，只见华山四面石壁如刀削一般陡峭，像一朵巨大的石头花盛开在天空之下，华山的名字就是这样来的。

地处黄河中游流域的华山，南接秦岭，北瞰黄河、渭（wèi）河，不仅山势险绝，被誉为"奇险天下第一山"，还是道教名山。这样重要又精彩的地方，徐霞客自然考察得十分详细和全面。他先是游遍了华山五座主峰，然后向西南挺进秦岭，一路上观察和记录了陕西东南部的地貌、水系、交通、作物等情况。

遍游华山历奇险

两天时间走遍华山五峰，即使是在有缆车的现代，有些人都做不到，可在 400 多年前，徐霞客却做到了。这一年徐霞客 36 岁，年富力强，身手矫健。他自山脚玉泉院出发，时而拽着铁链努力攀爬极陡的石阶，时而在万丈深渊边小心前行，终于先后登顶华山五座主峰——北峰、中峰、东峰、南峰和西峰，真是太厉害了！

> 华山十分险峻，我要轻装上阵！

莎萝坪稍事休息

从玉泉院一路行来，道路都比较平缓，到了这里明显变得险峻起来。但徐霞客完全没有退缩，他在莎萝坪休息了一会儿，就迈开大步继续向前了。

> 这台阶还不到我脚掌的一半宽，我要踩稳了！

徐霞客的游览路线

莎萝坪 — 千尺㠉 — 苍龙岭 — 西峰 — 东峰 — 南峰 — 棋盘石

千尺㠉可真难爬

千尺㠉真的有那么高吗？徐霞客走在向北峰进发的路上，忽见高耸的山壁上有一条裂缝，数百级台阶依山势蜿蜒而上，坡度极陡，而一旁就是万丈深渊。徐霞客抓住台阶旁边的铁链，小心翼翼地向上爬，终于平安走过了这个华山第一处险峻之地。千尺㠉果然名不虚传呀！

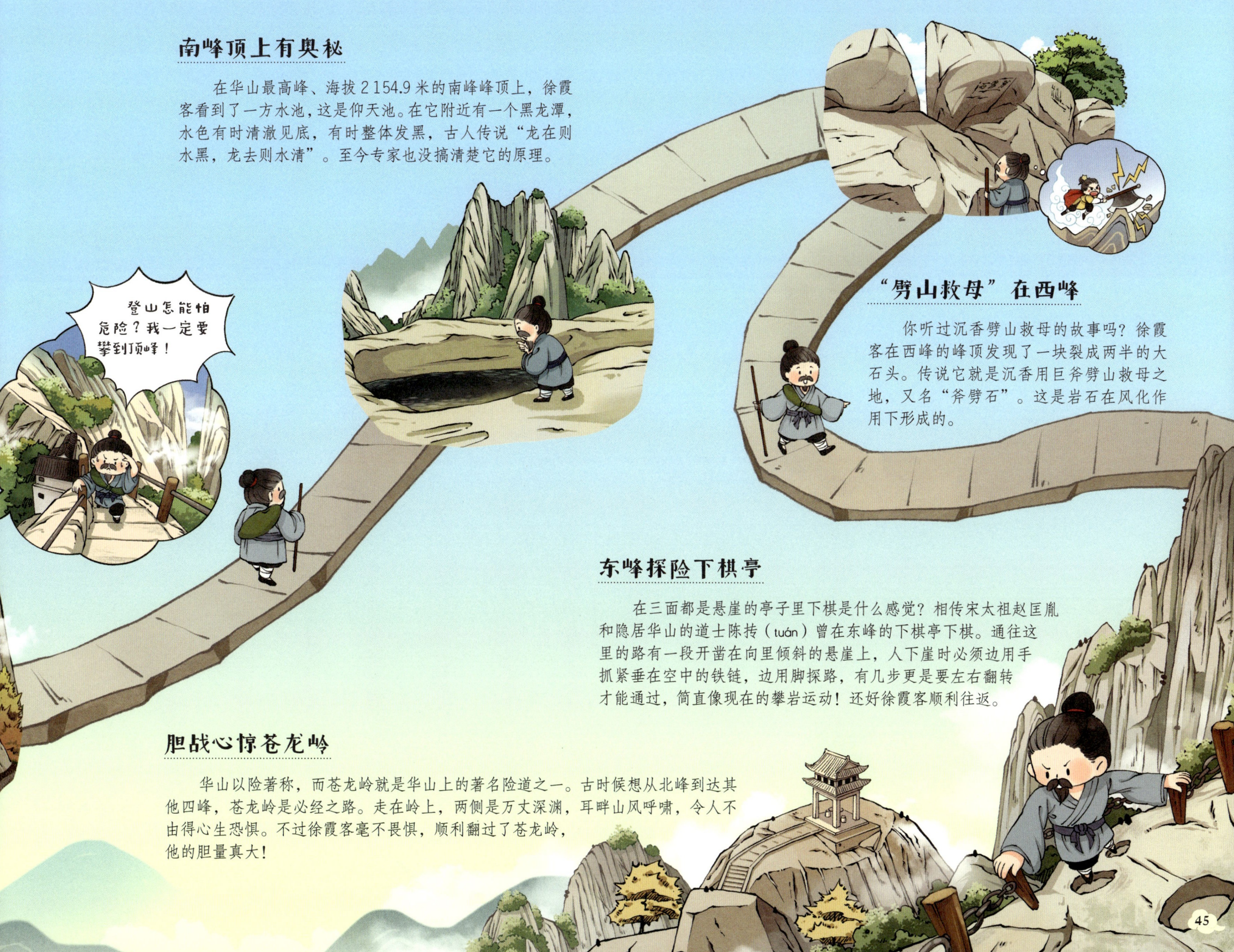

南峰顶上有奥秘

在华山最高峰、海拔2 154.9米的南峰峰顶上，徐霞客看到了一方水池，这是仰天池。在它附近有一个黑龙潭，水色有时清澈见底，有时整体发黑，古人传说"龙在则水黑，龙去则水清"。至今专家也没搞清楚它的原理。

"劈山救母"在西峰

你听过沉香劈山救母的故事吗？徐霞客在西峰的峰顶发现了一块裂成两半的大石头。传说它就是沉香用巨斧劈山救母之地，又名"斧劈石"。这是岩石在风化作用下形成的。

登山怎能怕危险？我一定要攀到顶峰！

东峰探险下棋亭

在三面都是悬崖的亭子里下棋是什么感觉？相传宋太祖赵匡胤和隐居华山的道士陈抟（tuán）曾在东峰的下棋亭下棋。通往这里的路有一段开凿在向里倾斜的悬崖上，人下崖时必须边用手抓紧垂在空中的铁链，边用脚探路，有几步更是要左右翻转才能通过，简直像现在的攀岩运动！还好徐霞客顺利往返。

胆战心惊苍龙岭

华山以险著称，而苍龙岭就是华山上的著名险道之一。古时候想从北峰到达其他四峰，苍龙岭是必经之路。走在岭上，两侧是万丈深渊，耳畔山风呼啸，令人不由得心生恐惧。不过徐霞客毫不畏惧，顺利翻过了苍龙岭，他的胆量真大！

刀削般的断块山

聪明的你一定已经发现，华山大部分山体都像刀削一般陡峭。像这样边缘直上直下、与相邻平地没有过渡地带的山，我们一般称它为断块山。我国众多名山，比如东岳泰山、西岳华山、南岳衡山和北岳恒山，以及徐霞客到访过的庐山和五台山都是断块山。

断块山是怎样断开的？

我们把一板巧克力掰成两半时，它总会从薄弱处断开，地壳也是一样。当地壳承受不住压力时，薄弱地带的岩体就会断开、破裂，这就是断裂作用。断裂可分为断层和节理，它们"制造"出了华山这样的断块山。

绝壁深谷的"雕塑家"——断层

岩体破裂后，如果两块岩体远远分开，就形成断层。

两块岩体高度相同时，会形成裂谷。

两块岩体一高一低时，就形成高地和低地。华山西峰就是这样形成的。

危岩奇峰的"雕刻刀"——节理

岩体破裂后，如果没有明显地挪动位置，就形成了节理，也就是岩石上的裂缝。千尺幢就是沿华山岩体中不足1米宽的节理缝开凿而成的。

你也裂开了，咱们同病相怜呀。

华山西峰

华山的成长史

和其他古老的山脉比起来,华山还很年轻,但它也"历经沧桑",在一次次的地质活动中"练"出了现在这副挺拔峭立的好"身材"。

"生长"环境:华山所在地在很久很久以前是一片汪洋。海底火山喷发,形成火山沉积岩层,经漫长岁月后变成了陆地。

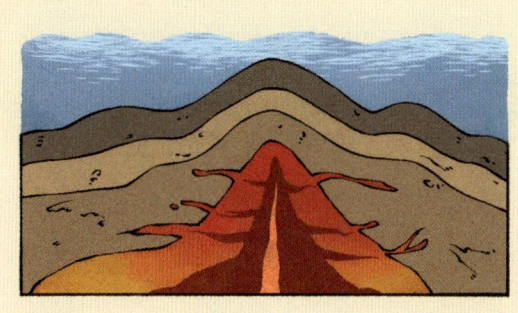

孕育:地下岩石受力断裂,2.2亿~1亿年前,大量花岗岩岩浆侵入岩石裂缝,华山的"躯体"——一整块极其巨大的花岗岩成形。

形成:约6500万年前,华山地区地壳显著升降,沿华山北侧东西向出现了大断层,华山主体开始抬升,而其北侧的渭河地带却向下沉陷。从约2400万年前开始,这块巨大的花岗岩整体迅速抬升,逐步露出地表。

塑形:之后很多很多年里,受地壳运动、流水侵蚀等影响,华山被分割成了大大小小的碎块,众多险峰怪石逐渐成形,苍龙岭就是典型的例子。两三百万年前,华山就"长"成了和现在差不多的模样。

直到现在,我还在"长高"呢,我每年要"长"约6.25毫米!

珍稀动植物乐园

华山是中国南北方分界线——秦岭山脉的重要组成部分,独特的地理位置和环境让华山成了许多珍稀动植物的天堂。这里不仅药用植物和香料植物随处可见,还有不少可爱的野生动物。

1900米以上:趋近山地暗棕壤,以针叶林为主。

1100~1900米:山地棕壤,较厚实和肥沃,长有落叶阔叶林和针阔叶混交林。

1100米以下:山地褐壤,土层浅薄贫瘠,长有落叶阔叶林、草和灌木。

华山是五岳"兄弟"中最高的,山上的土壤和植物遵循垂直分布的规律,由低到高大致分为三层。

  栓皮栎
  锐齿槲栎
  华山参
  连翘
  华山松

 金雕
 斑羚
 花豹
 石松鼠
 黑鹳

华山虽险,这里的生灵们却都生机勃勃呢。好,中岳、西岳游完,我要向北岳恒山进发啦!

 山丹
 华山新麦草
 忍冬
 华山风毛菊
 华山马鞍树

塞北第一山 恒山

恒山位于山西省浑源县，在"五岳"之中，恒山位于最北端，它的高度仅次于华山，被称为"塞北第一山"。恒山山脉像一道巨大的屏障，与平型关等重要关口相连，自古以来就是兵家必争之地，经历过无数次战争的洗礼。

明崇祯六年（1633年），徐霞客憧憬多年的恒山之行启程了！这一次，徐霞客从家乡出发，先是顺着运河北上，然后向西畅游五台山，最后来到了恒山。在恒山的三天，徐霞客在游记里留下了精彩的记录。400多年后的今天，许多中学生都在他的《游恒山日记》中领略过恒山的壮美风景。

遍览美景遂心愿

徐霞客取道金龙峡,首先游览了恒山"第一胜景"悬空寺,这座独一无二的建筑让见多识广的他发出了由衷的赞叹。为登上向往已久的恒山山顶——海拔2 016.1米的天峰岭,他经历了一番艰险!

徐霞客的游览路线

飞石窟
悬空寺
大云寺
土岭

恒山,我来啦!

金龙峡中的奥秘

金龙峡两侧的山崖像墙壁一样矗立着,一条山洞从中间流过。行走其中的徐霞客发现两侧山崖上比较低矮的地方有许多石洞。原来北魏道武帝拓跋珪(guī)曾发动数万士兵在此开山凿石修建栈道,这些石洞正是木桩的插孔。等栈道修好后,就能作为进退中原的捷径。

此地真为天下巨观!

奇迹建筑悬空寺

沿着洞水转了三个弯,徐霞客看到西面翠屏峰峭壁的半山腰处高悬着一处楼阁,悬空寺就在眼前了。崖陡路险,又没有同伴照应,哪怕是徐霞客也需要鼓足勇气,才敢沿着狭窄的栈道登高上梯,好好参观这座神奇又独特的建筑。

恒山是一座煤山？

走出金龙峡，徐霞客继续向天峰岭进发，一路上见到不少黑黝黝的大坑——明朝时恒山到处是煤，不用深挖，在地表开采就能得到。除了煤，恒山铁、金、珍珠岩等矿产资源也很丰富。

山皆煤炭，不深凿即可得。

天然院落飞石窟

在恒山山腰，徐霞客见到了一个大石窟。它有半个篮球场那么大，像一个方形院落，三面环壁，一面临崖，"院"里是恒山最早修建的建筑北岳正殿。

脱衣攀缘登绝顶

登顶天峰岭需要爬上陡峭的山崖。徐霞客脱下外衣，双手拽住杂草奋力向上爬，荆棘钩破衣服、刺痛脖子也全不在意，终于到达山顶。他仔细观察，发现恒山北侧（即后山）虽然怪石林立，却长有许多高大的树，这是为什么呢？

恒山南侧是土山，树不是应该更多吗？

"树皆在北"的原因

恒山的南坡向阳，日照时间长，蒸发量大，所以虽是土山也少有树；而山的北坡背阴，化雪时间长，蒸发量小，比较湿润，虽为石山，石缝中的土壤也能供给树木充足的营养，所以有繁茂的树林。400多年前的徐霞客已经注意到了植被与坡度、土壤的关系，太了不起了！

悬崖"长"出寺庙来

悬空寺三面凌空,最高处有30层楼高,壮丽、精巧。它是怎样从悬崖峭壁上建起来的呢?它始建于北魏后期(491年),看上去只由数十根细长的木柱支撑,摇摇欲坠的,为什么屹立千年、历经多次地震而不倒呢?现代建筑专家们仔细研究,才揭开这个秘密。

悬空寺雄奇的地质环境

数亿年前,恒山所在地是大海。恒山从汪洋中升起后,在风化和侵蚀作用下,山峦渐渐变成了尖峰形,旁边是深深的河谷。古人选择在这里建造与天上神仙共语、将人间烦恼尽抛的空中寺院,再合适不过了。

1. 岩壁凿孔

2. 插入木梁

悬空寺是怎样建成的?

古代工匠们太厉害啦!他们先在山下把要用到的建筑材料加工好,绕路运到山顶;然后把粗绳索的一头固定在山顶,另一头系在腰上,从悬崖上垂下来,开始"高空作业"。

3. 架设殿阁

4. 挖掘石窟

5. 铺设栈道

6. 安置塑像